PIERRE LAFFITTE

AUX

AMIS DE SA FAMILLE.

M. Pierre LAFFITTE, actionnaire de la Caisse du commerce et de l'industrie, présent à la *Réunion des 200 plus forts actionnaires*, le 12 décembre 1844, à l'hôtel Laffitte, et présidée par M. Ad. Lebaudy, a demandé la parole.

Après un long exposé de l'objet de la convocation des actionnaires, et de la situation de la Société, assurément satisfaisante si l'exposé est exact et complet, comme il faut l'espérer; et M. Ad. Lebaudy ayant annoncé une nouvelle convocation prochaine de 600 des plus forts actionnaires, qui aura à délibérer :

1° Sur des modifications dans les statuts de la Société;

2° Sur une nouvelle organisation de la gérance;

3° Sur le changement de la signature sociale, qui ne serait plus Jacques Laffitte et Cie, mais A. Gouin et Cie, de M. Alexandre Gouin que les deux Gérants présentent pour occuper la place de Jacques Laffitte dans la gérance, M. Pierre Laffitte, comme actionnaire, s'est exprimé en ces termes :

Messieurs,

C'est avec un sentiment doublement pénible que je prends la parole dans cette réunion ! Je ne vois plus là, à ce siége, le fondateur d'un utile et bel établissement, et le successeur qu'il s'était choisi, en est banni par ceux qui devaient peut-être reconnaître autrement ce que Jacques Laffite avait fait pour eux. Il est de mon devoir de défendre la mémoire de l'un, et d'empêcher que la réputation, intacte, de l'autre soit attaquée; je ne demande pour tous les deux qu'équité et justice, et je vous prie de m'accorder un moment votre attention et votre indulgence.

Jacques Laffitte, après de longues années d'un travail utile, honorable, heureux, et malgré son grand âge, voulut encore servir le commerce et l'industrie par delà sa vie; il voulait perpétuer son nom dans la banque, et qu'il restât toujours à la tête de son établissement dont il voulait faire comme une maison de famille ; c'était là sa pensée, son projet favori, et personne ne l'ignorait; il disait, peu de temps avant sa triste fin, qu'on lui avait demandé de placer un nom nouveau à côté du sien dans la signature sociale, et qu'il avait répondu *jamais*. Dans son intention de créer un établissement qui restât dans sa famille, il dut faire des propositions à ses frères et à ses neveux portant son nom; moi j'étais déjà bien vieux et retiré à la campagne, et les autres ayant chacun un établissement particulier, Martin Laffitte se trouvait le seul libre, et fut choisi pour second gérant. Jacques Laffitte dut chercher le troisième hors de sa famille; on lui parla de M. Lebaudy comme d'un homme intelligent, capable et familier avec ce qu'on appelle à Paris le petit commerce, et Jacques Laffitte l'admit pour compléter la gérance; il eut à se louer de la coopération utile de M. Lebaudy, vigilant travailleur, au fait des petites affaires de la place de Paris, et qui se mit assez vite au courant des grandes affaires de banque; le fondateur de l'établissement fut bien secondé par lui, et M. Lebaudy justifia la confiance du chef et mérita celle de MM. les actionnaires.

Jacques Laffitte, invariable dans sa volonté que son nom restât toujours en tête de la signature sociale, appela près de lui M. Adolphe Laffitte son neveu, qu'il avait déjà occupé dans son ancienne maison de banque, qui avait reçu une instruction toute commerciale pendant quatre à cinq ans en Allemagne et en Angleterre, étant destiné dès le principe à être l'un des successeurs de son oncle dans la banque. Adolphe Laffitte abandonna une carrière où il s'essayait honorablement en attendant l'appel de son oncle; il y renonça pour répondre à cet appel. Jacques Laffitte destinait son neveu pas précisément à le remplacer, mais à lui succéder dans la gérance lorsqu'il jugerait à propos de s'en retirer. Je dirai, sans croire blesser MM. les Gérants qui m'entendent, que les hommes de la grande capacité et de la longue expérience de Jacques Laffitte ne se remplacent pas facilement, et que des hommes plus jeunes que lui ne doivent pas prétendre à la même confiance, ayant leurs preuves à faire. Jacques Laffitte fit de son neveu d'abord son mandataire particulier, et il en fit bientôt le mandataire de la société. Dans les réunions annuelles de MM. les actionnaires, à dater de celle du 15 février 1840, M. Jacques Laffitte vous parla toujours de son neveu avec éloges, et, dans la réunion où il vous présenta M. Roussac comme désigné pour le successeur de M. Martin Laffitte, Jacques Laffitte vous disait : « *Je commence à éprouver le besoin* « *de me reposer, et j'aurai avant longtemps à vous* « *présenter aussi mon remplaçant et mon succes-* « *seur, mon neveu M. Adolphe Laffitte*, etc. » Dans l'intimité, Jacques Laffitte m'a souvent répété qu'il était satisfait de mon fils. Je crois, Messieurs, que voilà une persistance de bonne volonté bien manifestée et bien favorable de l'oncle pour le neveu.

D'après l'art. 55 des statuts, les héritiers de Jacques Laffitte devaient présenter dans les trois mois de son décès un successeur, et madame Laffitte, sa fille et son gendre, étaient unanimes sur le choix de M. Adolphe Laffitte. Madame Laffitte me disait même que « *ce serait offenser la mémoire de son mari que d'en présenter un autre, et qu'elle se tiendrait elle-même pour offensée dans la personne de son neveu s'il en arrivait autrement, qu'elle aussi avait de l'affection pour lui, et avait en lui toute confiance.* »

Les statuts veulent que le remplaçant soit présenté d'abord à MM. les Gérants survivants pour être agréé par eux, et cette première élection est soumise à votre approbation.

J'aurais cru faire injure à M. Roussac, homme honnête que j'estimais, en doutant de ses bons sentiments pour notre famille; il ne pouvait pas avoir oublié qu'il devait son admission à la gérance, à l'honorable et puissant appui de M. Jacques Laffitte; et même, faisant la large part de la position particulière de M. Roussac, je me disais encore qu'il lui répugnerait de se montrer hostile au neveu de celui à qui il devait sa bonne position, soit en ne se prononçant pas pour l'admission d'Adolphe Laffitte, soit et encore moins en approuvant le misérable moyen qu'on allait employer pour le frustrer des avantages que son oncle entendait lui assurer. Comment aurais-je pu penser que M. Roussac finirait par approuver, de sa signature, les actes offensants qui ont banni le fils de la maison, l'élu de son bienfaiteur! Certes, j'en suis fâché pour M. Roussac; mais

M. Lebaudy lui-même a dû s'étonner de sa docilité à le seconder avec tant d'empressement et sans manifester de répugnance ! C'est ainsi qu'on rompt le lien des familles, et que les haines les affligent ; mais M. Roussac n'est pas un Laffitte, il s'est hâté de séparer sa cause de la nôtre.

J'avais bien quelques motifs de ne pas trop compter sur de bonnes dispositions de la part de M. Lebaudy ; sa remarquable discrétion avec moi, l'affectation de se dispenser de mettre même *une simple carte* à ma porte au décès de Jacques Laffitte, lorsque tant de personnes, à commencer par le Roi et les grandes notabilités, s'empressaient de nous donner une marque d'intérêt... Malgré cela, j'espérais encore que mon fils finirait par faire partie de la Société, ne pouvant pas croire que M. Lebaudy se permettrait de l'en exclure et de fausser à ce point la volonté de Jacques Laffitte. Mon frère m'avait bien dit que *le redoutable* M. Lebaudy, constamment hostile à son neveu, voulait *lui imposer* des conditions ; qu'il lui avait déclaré qu'il se retirerait de la Société plutôt que d'y admettre M. Adolphe Laffitte ; mais, ajouta mon frère : « *La volonté de Lebaudy et la* « *mienne sont deux volontés ; la sienne n'est pas* « *sans appel, et j'arrangerai cela.* » Cet entretien de Jacques Laffitte avec moi et chez moi, et en présence de témoins, eut lieu la dernière semaine d'avril dernier... et un mois après Jacques Laffitte n'était plus ! Qu'a-t-il fait ou pu faire avant sa mort? Je l'ignore, Messieurs : toujours est-il que M. Lebaudy est parvenu à pousser le successeur de Jacques Laffitte hors de la maison, et de la manière la plus offensante.

Mais Jacques Laffitte était loyal; ses affections de famille étaient connues; l'honneur en lui avait le pas avant tout : ne serait-ce pas offenser sa mémoire que de supposer qu'ayant un pied dans la tombe, il aurait voulu démentir sa vie, tromper sa famille et abandonner son neveu à la merci de M. Lebaudy, qu'il savait ne lui vouloir aucun bien ; et cela sans nous prévenir, sans dire à personne qui aurait rendu sa volonté impuissante ; sans même manifester le regret d'un résultat si inattendu, si offensant pour celui qu'il vous désigna d'avance comme devant lui succéder? Non, Messieurs, vous ne croirez pas cela ; vous ne croirez pas que Jacques Laffitte aurait voulu humilier son neveu, manquer à sa famille, à ses promesses, et placer M. Adolphe Laffitte dans l'alternative, ou de se retirer ou de rester l'*humble commis de M. Lebaudy, de M. Roussac!* Si Jacques Laffitte eût changé d'avis, il avait le temps de m'en prévenir, et il l'eût fait; j'étais seul avec lui le matin même du jour de sa mort, nous échangeâmes quelques mots, et il était encore dans tout son bon sens.

Jacques Laffitte ne se croyait pas si près de sa fin. Il aurait assuré le sort de son neveu, il n'en faut pas douter ; et sa tombe est à peine fermée, que le successeur de son choix est repoussé, au grand étonnement de tous ceux qui avaient connu Jacques Laffitte et ses projets d'avenir pour son établissement de banque.

Les innovations ne réussissent pas toujours : que MM. les gérants y pensent sérieusement. Toujours était-il grand temps de rassurer les actionnaires en mettant fin à des ajournements qui n'étaient pas sans danger pour le crédit de la caisse Laffitte. L'opposition des caractères qu'on a mise en avant serait un motif assez puéril, si c'était réellement là l'obstacle qui s'est opposé à tout arrangement. Il est plus vrai de dire que M. Lebaudy trouvait Adolphe Laffitte de trop dans la maison, qu'il ne voulut jamais de lui pour associé ; il lui a fait perdre sa belle position, il ne s'est pas fait faute de procédés blessants, et il l'accuserait encore d'être la cause de tout le bruit dont on s'est plaint! Je vous le demande, Messieurs, se trouverait-il parmi vous un homme ainsi maltraité qui se résignerait à garder le silence, et si l'indignation ne le pousserait pas hors des bornes de la prudence qu'on ne franchit pas de sang-froid? La véritable cause de l'antipathie qui existe entre l'accusé et l'accusateur, date pour ainsi dire de la fondation de l'établissement. Et comment se serait-on accordé? Ici on entendait le crédit facile et large, et là on l'eût voulu plus divisé, scrupuleusement réparti, et dans une mesure plus sage, selon les facultés de chacun. L'intérêt et l'amour-propre influent toujours malheureusement sur les hommes; ils nous donnent quelquefois des amis d'un jour, mais plus souvent ils nous suscitent des ennemis irréconciliables. Le grand tort de M. Adolphe Laffitte, disons-le, la seule cause de la répulsion qui l'a frappé, c'est d'avoir bien compris l'intention de son oncle sur le rang qu'il lui destinait après lui dans la maison, c'est de s'être tenu *trop droit* à côté de M. Lebaudy, de ne pas s'être fait *assez petit* pour ne pas lui faire ombrage; c'est d'être le neveu de Jacques Laffitte, de porter son nom, d'avoir été annoncé par son oncle comme son successeur : il aurait pu passer dans le monde pour être le nouveau chef, le successeur naturel du fondateur, et de là peut-être une distinction dans l'opinion qui eût blessé l'amour-propre de M. Lebaudy, dont le nom n'eût pas figuré dans la signature sociale... Voilà, Messieurs, le tort, le grand tort que M. Lebaudy ne peut pas pardonner à M. Adolphe Laffitte : ne le cherchez pas ailleurs. Il est possible que M. Lebaudy ne trouve pas des amis partout, et tout le monde ne le croira peut-être pas sur sa parole; on cherchera d'où peut provenir cette fâcheuse dissidence, on en verra la cause là ou là, peu importe; mais personne ne croira que Jacques Laffitte a voulu tromper son neveu et en faire *le commis* de M. Roussac, de M. Lebaudy! Non, Messieurs, non, je le répète, Jacques Laffitte, dans son bon sens et livré à lui-même, n'aurait pas consenti à des arrangements *secrets* qui auraient pu avoir ce résultat déplorable.

Adolphe Laffitte est homme d'honneur; sa vie est nette de toute faute, de tout soupçon, et il peut défier ses ennemis; il aimait, il respectait son oncle; il avait foi en ses promesses (bien libres et bien volontaires assurément); il ne se permettra pas de le soupçonner d'avoir même hésité à les accomplir; mais il avait la conviction qu'on le desservait dans l'esprit de son oncle, et c'est ce qui l'éloignait de ceux qu'il pouvait soupçonner de lui rendre ce mauvais office.

Adolphe Laffitte a-t-il pu encourir le blâme dans ses derniers rapports avec MM. Lebaudy et Roussac? Je ne le crois pas. On ne lui reprocherait pas sans doute d'avoir pris des extraits, des notes, sur les livres de la Société, ou prié les employés, qui lui étaient dévoués, comme au légitime successeur de Jacques Laffitte, de les lui fournir; comme mandataire de son oncle et de la Société, où il jouissait d'un intérêt, il avait bien le droit de s'enquérir de la situation des comptes, et si les réductions dont certains lui avaient paru susceptibles avaient été faites, et quel serait, à la fin, le résultat pour son compte personnel. M. Lebaudy n'espérait pas sans doute qu'il s'en rapporterait absolument à lui de son sort; mon fils avait le droit de faire cette revue jusqu'au moment où une indécente révocation lui fut signifiée. Dieu me garde, Messieurs, de parler des confidences, des aveux qui auraient pu être faits dans l'intimité de la famille : ces choses, selon moi, doivent être ignorées du public ; la prudence et le bon goût ne permettent pas de les citer légèrement et sans nécessité : toutefois, j'espère qu'on ne me forcera pas, par des accusations maladroites contre mon fils, à révéler certains faits qui pourraient bien mettre quelques personnes mal à l'aise.

Je suis trop dévoué à la conservation et aux succès de la Caisse Laffitte, qui m'intéresse encore comme actionnaire, si elle ne doit plus m'intéresser autrement, trop ennemi du scandale et du bruit, qui ne répare rien et souvent gâte tout, pour fournir de l'aliment à des irritations déjà trop vives ; j'aurais voulu, au contraire, qu'il fût possible de détruire les préventions, de guérir les antipathies, de calmer les ressentiments, et que la convenance et la nécessité d'un loyal accord se fît mieux sentir de messieurs les gérants. Dans ces pacifiques vues, je m'étais décidé à écrire à M. Lebaudy pour lui éviter, selon moi, une injustice et une faute ; mais ma démarche a été sans succès ; M. Lebaudy, ou ne m'a pas compris, ou, ainsi qu'on le disait, il s'était déjà arrangé pour exclure mon fils sans retour. Mais enfin, dira-t-on, que s'est-il donc passé avant et depuis la mort de Jacques Laffitte ? Voici, Messieurs, ce que j'en ai pu recueillir. Ses héritiers, d'abord unanimes pour la présentation de M. Adolphe Laffitte, ont fini, et seulement la veille de l'expiration du délai fixé par les statuts, par signer un acte en forme qui substituait la signature de veuve Jacques Laffitte et Ce, à celle de Jacques Laffitte et Ce, et avec interdiction à ses héritiers de présenter un gérant de leur choix. Les héritiers, en signant cet acte, le 25 août, ont donc adhéré aussi à l'exclusion de M. Adolphe Laffitte de la Société. Inutile de dire quelle est la volonté qui a prévalu sur une faible femme sans expérience des affaires! On a encore parlé d'un acte particulier tout au profit de M. Lebaudy, et que la veuve de Jacques Laffitte ne connaissait pas sans doute, lorsque je la trouvai si dévouée à la présentation d'Adolphe Laffitte; mais cet acte, s'il existe réellement, M. Roussac devait le connaître, et, en bon parent, il me semble qu'il aurait pu m'en parler du vivant de Jacques Laffitte; j'en eusse pu raisonner avec lui, et l'aurais décidé sans miracle à révoquer ce que cet acte aurait pu contenir de contraire aux promesses faites par lui à mon fils. Ce n'aurait pas été la première fois que Jacques Laffitte serait revenu sur de prétendus engagements que l'obsession ou la flatterie obtenaient de sa faiblesse. Je dois croire que l'acte en question n'existe pas; ce serait une chose grave, il ferait douter de la franchise et de la loyauté de Jacques Laffitte..... mais Jacques Laffitte ne savait pas tromper.

Je ne conçois pas comment MM. Lebaudy et Roussac ont pu se décider à insulter son neveu par des lettres (1): façon de congé que des hommes ayant un peu de mesure dans l'esprit et de l'éducation la plus vulgaire adresseraient tout au plus à un jeune commis pris en faute! Ces lettres, de la façon de M. Lebaudy, ont été approuvées aussi par la signature de M. Roussac; mais celui-ci, je le répète, a voulu faire scission avec la famille (2). Adolphe Laffitte a répondu à ces lettres comme il le devait : elles sont connues, et le public les a jugées. La dernière, dont sans doute on croyait avoir plus soigné la rédaction, est cependant en contradiction avec les faits; car si la révocation du successeur de Jacques Laffitte était déjà définitive le 25 août par l'acte que j'ai cité, comment MM. Lebaudy et Roussac avaient-ils l'ingénuité d'espérer qu'on croirait que le 2 septembre il dépendait encore de M. Adolphe Laffitte de conserver sa position dans la société? Et quelle position, Messieurs, de rester *le mandataire* révocable de MM. Lebaudy et Roussac! Et c'est à un homme de cœur, devant prendre la place du fondateur son oncle, et fier de son choix, chargé pendant six à sept ans d'une partie essentielle du travail, partie qu'il remplissait dignement; c'est à l'homme que Jacques Laffitte vous annonça, Messieurs, comme devant lui succéder, que les deux Gérants auraient eu la simplicité d'offrir et de penser qu'il se serait résigné à accepter une position si inconvenante pour lui, qui devait être le légitime successeur de Jacques Laffitte! Mais en vérité il y aurait eu là de la part de ces messieurs une bonhomie par trop niaise, ou une bien haute opinion de leur mérite, quand il leur reste encore à faire leurs preuves. Eh! Messieurs, laissons marcher le temps, c'est lui qui pourra édifier sur vos capacités : jusqu'ici je ne vois de sérieux et de triste surtout que la perte du respectable Jacques Laffitte, et les dangers auxquels vos innovations peuvent exposer le crédit de son établissement. Au reste, Messieurs, tant de choses se disent et ont été dites, que je n'ose pas y croire, et je me dispense d'entrer dans de fâcheux détails. Je ne veux pas croire surtout que Jacques Laffitte aurait été lui-même l'objet de menaces, d'insolents propos poussés jusqu'à la rudesse la plus grossière, sans respect pour son âge, et l'état de dégoût, d'affaissement qui précéda sa prompte fin. La seule pensée qu'il pourrait y avoir quelque chose de vrai dans tout cela, me navre l'âme!

M. Lebaudy n'est pas sans connaissances et sans moyens : je crois l'avoir déjà dit, et je lui rends toutes les justices qui lui sont dues; mais enfin, qu'il me permette de le dire, il n'est pas l'homme unique, et je ne suis pas le seul qui ait de la peine à comprendre comment il aurait tant grandi depuis que Jacques Laffitte n'est plus là, et comment ses héritiers ont pu en faire une puissance qui peut tout et en impose à tous!

Messieurs, actionnaire comme vous, j'ai dû vous parler de ce qui s'est passé avant et après le décès du respectable fondateur de la Caisse du commerce et de l'industrie; j'ai voulu écarter de sa mémoire les attaques tardives et plus qu'inconvenantes, et détruire les préventions qu'on aurait besoin d'accréditer contre mon fils, pour essayer de justifier une antipathie qui ressemble fort à la haine. Mon fils est honorablement entré dans la maison de son oncle, et en sortira de même son honneur intact. Un aussi bon juge que peut l'être M. Lebaudy tenait Adolphe Laffitte pour un homme d'honneur, franc, délicat et utile travailleur. J'espère, Messieurs, que vous ne refuserez pas de vous associer à ce bon témoignage qui lui fut rendu devant vous par un oncle dont il a un motif de plus de déplorer la perte, mais qu'il n'accusera jamais de l'indignité que l'audace et la faiblesse lui ont fait subir.

Je viens de faire la part de mes affections, et personne ne s'en étonnera; mais en même temps j'ai fait aussi la part de la vérité, de l'équité, de la justice. Après cela, Messieurs, vous déciderez jusqu'à quel point il peut vous convenir de vous occuper de l'affront fait à M. Adolphe Laffitte; le maintien du bel établissement de son oncle, surtout de son crédit, doit passer avant tout, et sur cela ma pensée est la vôtre.

Peut-être eût-il été plus convenable, plus prudent surtout, que celui qui a pris la place de Jacques Laffitte, et est parvenu à neutraliser le vœu unanime de ses héritiers, vous eût convoqués plus tôt;

le public aurait eu moins à s'occuper d'un résultat bien fâcheux ; il eût pu ignorer que des hommes sensés, devant n'avoir qu'un seul et même intérêt, ne savaient pas s'entendre ; vous auriez eu le temps de faire examiner le fond des choses, et de chercher les moyens de réparer le mal qu'on a pu faire au crédit de l'établissement par trop de bruit. Trois personnes capables et d'expérience, choisies par vous, Messieurs, et hors des actionnaires, auraient pu se réunir à Messieurs vos délégués ; elles eussent jugé de l'état des choses en écartant les prétentions individuelles qui ne leur auraient pas paru fondées. Sur le rapport de cette commission, vous eussiez pu vous prononcer au moins en connaissance de cause. Mais on me semble avoir fait un jeu d'enfant de l'affaire la plus sérieuse pour les actionnaires, et la confiance s'est alarmée ; cependant, le crédit dépend de la confiance, et la solidité du crédit, comme la femme de César, ne doit pas être même mise en doute.

Jacques Laffitte a laissé son établissement ayant tous les éléments de durée et de succès : pour la gérance, trois hommes dans la maturité de l'âge, intéressés à le soutenir, ayant déjà acquis de l'expérience pour les grandes affaires, et de bonnes directions à suivre pour les conduire sagement ; un personnel composé d'honnêtes gens, en grande partie éprouvés et capables : M. le Roi, très-bon aide pour les gérants ; M. Denizet, comptable du premier ordre ; M. Courtois, chef instruit pour le contentieux, et autres. Et dans une si belle et bonne position, des amours-propres, des susceptibilités, des vues toutes personnelles, pourraient compromettre le bel œuvre de Jacques Laffitte, M. Lebaudy, en éludant son vœu, M. Roussac, en oubliant ce qu'il lui devait de reconnaissance, et ses héritiers en ne s'élevant pas à la hauteur de son noble caractère! Ah! Messieurs, je le dis à regret, mais une pareille fin ne serait honorable pour personne, et je pense qu'il est de l'intérêt de Messieurs les actionnaires d'y aviser.

Dans la réunion extraordinaire des 600 plus forts actionnaires, qu'on nous annonce pour très-prochaine, Messieurs les actionnaires jugeront la raison des changements qui leur seront proposés, et dans leur intérêt; quant à moi, Messieurs, je me dois de me prononcer de suite et particulièrement sur le nouveau Gérant qu'on vous annonce comme devant prendre la place de Jacques Laffitte, et effacer le nom du respectable fondateur de l'établissement!...

Certes, j'applaudirais au choix de M. Gouin si je n'étais que simple actionnaire et occupé de mon seul intérêt. J'ai connu M. Alexandre Gouin, et je le tiens pour un homme honorable, sage et très-capable; il doit être fait aux grandes affaires, ayant été ministre du commerce; il s'était essayé et formé dans la maison de ses parents, MM. Gouin frères, de Tours, l'une des respectables maisons de commerce de France. L'admission de M. Gouin dans la gérance serait déjà un bien pour l'établissement sous le rapport de la confiance et du maintien de son crédit, et M. Gouin pourrait au besoin servir de nouveau chaperon à ceux qui ne pourraient pas encore s'en passer; mais je suis l'ancien de la famille Laffitte, le frère de Jacques Laffitte, le père d'Adolphe Laffitte...Personne ne s'étonnera que je m'impose comme un devoir de refuser mon vote à la proposition qui doit vous être faite d'un nouveau Gérant.

Il était dans la destinée de Jacques Laffitte de se tromper sur les hommes: il faisait trop bon marché de sa confiance; il n'aura pas été plus heureux à la fin de sa vie, dans le choix de celui à qui il a abandonné le soin d'exécuter sa volonté, de réaliser son vœu. Ce n'était pas assez pour M. Lebaudy de repousser le neveu qu'il appelait à lui succéder dans un établissement qui lui doit tout, qui sans lui n'eût été rien; il fallait encore qu'il le fît passer en des mains étrangères, et qu'à peine dans la tombe le nom de Jacques Laffite y fût effacé! Ah! je n'en doute pas, les honnêtes gens et tout le commerce s'en étonneront, et ses amis en gémissent. C'était donc ainsi que vous deviez honorer la mémoire de Jacques Laffitte, vous tous qui fûtes les dépositaires de sa pensée !!!

---

(1) Une indisposition retint M. Adolphe Laffitte chez lui *un seul jour*, et les Gérants lui écrivent le 2 septembre 1844:

« Considérant votre absence *sans autorisation* et *sans avis* « *préalable* comme une démission volontaire des fonctions que « vous remplissez dans *notre* établissement, nous vous décla- « rons que nous l'acceptons.

« Nous chargeons M. Denizet de recevoir toutes les valeurs « à l'Étranger que vous avez en votre possession, conformé- « ment à l'état qui en a été dressé le 31 août, et nous vous « invitons à lui faire cette remise *dès demain*, attendu que les « conséquences d'un retard seraient sous votre responsabilité.

« Signé, etc. »

Quelle impudence!

(2) La famille Laffitte, par sa filiation et ses alliances, est devenue l'une des familles les plus nombreuses de Paris, et je déplore plus que personne que la faiblesse de M. Roussac y ait introduit la désunion !

Paris. — Imprimerie de Firmin Didot frères, rue Jacob, 56.

www.ingramcontent.com/pod-product-compliance
Ingram Content Group UK Ltd.
Pitfield, Milton Keynes, MK11 3LW, UK
UKHW032038260826
14628UKWH00007B/3034

9 782011 789648